AF470182

Succession de M. A. P...

BEAU MOBILIER

Tableaux Anciens & Modernes

GRAVURES — SCULPTURES

TAPISSERIES ANCIENNES

DES XVIe, XVIIe & XVIIIe SIÈCLES

Deux Importantes Tapisseries de Beauvais

D'APRÈS LES CARTONS

de F. Boucher, Blin de Fontenay et Vernansal

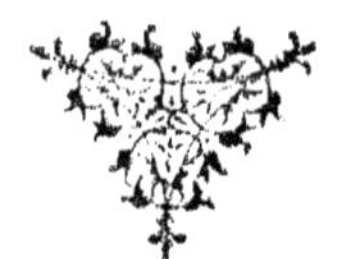

Succession de M. A. P...

BEAU MOBILIER

Tableaux Anciens & Modernes

GRAVURES — SCULPTURES

TAPISSERIES ANCIENNES

DES XVIe, XVIIe ET XVIIIe SIÈCLES

Deux Importantes Tapisseries de Beauvais

D'APRÈS LES CARTONS

de F. Boucher, Blin de Fontenay et Vernansal

CONDITIONS DE LA VENTE

Elle sera faite au comptant.

Les acquéreurs paieront *dix pour cent* en sus des enchères.

L'exposition mettant le public à même de se rendre compte de l'état et de la nature des objets, il ne sera admis aucune réclamation une fois l'adjudication prononcée.

ORDRE DES VACATIONS

Le Lundi 20 Novembre 1911

	Numéros.
Aquarelles, dessins, gravures modernes	54 à 65
Tableaux modernes	1 à 53
Dessins et tableaux anciens	66 à 74
Estampes anciennes du XVIIIe siècle	75 à 84
Faïences et porcelaines	102 à 117

Le Mardi 21 Novembre 1911

Bijoux, orfèvrerie	85 à 101
Objets variés	118 à 139
Sculptures anciennes et modernes	140 à 151
Meubles et sièges *(Partie des)*	206 à 277
Sièges couverts en tapisserie	278 à 283
Tapisseries anciennes	295 à 317

Le Mercredi 22 Novembre 1911

Bronzes, pendules	152 à 205
Meubles et sièges *(Fin des)*	206 à 277
Étoffes, tapis	284 à 294

Paris. — Imp. Georges Petit, 12, rue Godot-de-Mauroi. — 21716-11.

CATALOGUE

DES

BEAU MOBILIER

TABLEAUX & DESSINS MODERNES

PAR

ANASTASI, BERGERET, LAMBINET, J.-P. LAURENS, LE GOUT-GÉRARD, MONTICELLI, [illegible]
PILS, VIBERT, VOLLON, ZIEM, ETC.

TABLEAUX & DESSINS ANCIENS

PAR

F. BOUCHER, JEAN-BAPTISTE ET DOMINIQUE TIEPOLO, ETC.

Gravures anciennes

Faïences et Porcelaines anciennes

DE DELFT, ROUEN, URBINO, CHINE, ETC.

Bronzes de BARBEDIENNE

ARGENTERIE — BIJOUX — OBJETS VARIÉS

Sculptures anciennes et modernes

TAPISSERIES ANCIENNES D'AUBUSSON & DES FLANDRES

DES XVIe, XVIIe ET XVIIIe SIÈCLES

Deux Importantes Tapisseries de Beauvais

d'après les cartons de **François Boucher, Blin de Fontenay et Vernansal**

BEAU MOBILIER MODERNE

AMEUBLEMENT DE SALON EN TAPISSERIE D'AUBUSSON — TAPIS D'ORIENT

DONT LA VENTE, APRÈS DÉCÈS DE M. A. P..., AURA LIEU A PARIS

HOTEL DROUOT, Salles 9, 10 & 11 réunies

Les Lundi 20, Mardi 21 et Mercredi 22 Novembre 1911, à 2 heures

COMMISSAIRE-PRISEUR

Me F. LAIR-DUBREUIL, 6, rue Favart.

EXPERTS

Pour les Tableaux modernes :	*Pour les Tableaux anciens et Objets d'art :*
M. GEORGES PETIT	MM. PAULME & B. LASQUIN FILS
8, rue de Sèze, 8	10, rue Chauchat. — 11, rue Grange-Batelière.

EXPOSITIONS

PARTICULIÈRE : *Le Samedi 18 Novembre 1911, de 1 h. 1/2 à 6 heures.*

PUBLIQUE : *Le Dimanche 19 Novembre 1911, de 1 h. 1/2 à 6 heures.*

Entrée par la rue Grange-Batelière.

TABLEAUX MODERNES

ANASTASI (Aug.)

1 — *Terrasse de couvent (Italie).*

Au dos, le cachet de la vente.

Panneau. Haut., 40 cent. ; larg., 67 cent.

BECK (Julia)

2 — *L'Église de Beaumontel (Eure).*

Signé à droite, en bas.

Toile. Haut., 1 m. 25 ; larg., 50 cent.

BERGERET

3 — *La Soupière.*

Signé à gauche, en bas.

Panneau. Haut., 28 cent. ; larg., 23 cent.

BERGERET

4 — *Les Asperges.*

Signé à droite, en bas.

Toile. Haut., 27 cent. ; larg., 48 cent.

BERGERET

5 — *Crevettes grises et bouquet.*

Signé à droite, en bas.

Panneau. Haut., 15 cent.; larg., 26 cent.

BERGERET

6 — *Prunes et gobelet.*

Signé à droite, en bas.

Toile. Haut., 38 cent.; larg., 46 cent.

BERTIER (E.)

7 — *Tête de jeune femme.*

Signé à droite, en bas.

Panneau. Haut., 41 cent.; larg., 32 cent.

BERTIER (E.)

8 — *Portrait de l'artiste.*

Signé à gauche, en haut.

Toile. Haut., 55 cent.; larg., 44 cent.

BERTIER (E.)

9 — *Étang à la Cambre.*

Signé à gauche, en bas.

Toile. Haut., 50 cent.; larg., 60 cent.

BOUCHET (H.)

10 — *Un Marabout en Algérie.*

Signé à droite, en bas.

Toile. Haut., 24 cent.; larg., 44 cent

BOUCHET (H.)

11 — *Dans la Haute-Égypte.*

Signé à droite, en bas.

Toile. Haut., 30 cent.; larg., 46 cent.

BOUCHET (H.)

12 — *Bords de rivière.*

Signé à gauche, en bas, et daté : 72.

Panneau. Haut., 23 cent.; larg., [illegible] cent.

CHARLET

13 — *Au Cabaret.*

Signé à gauche, en bas.

Toile. Haut., 40 cent.; larg., 5[illegible] cent.

CHEVALLIER (E.)

14 — *Le Port à la nuit tombante*

Signé sur une barque : *E. Chevallier.*

Toile. Haut., 65 cent.; larg., 80 cent.

COMERRE (Léon)

15 — *Pierrette au masque.*

Peinture ovale sur parchemin.

Signé à droite.

Haut., 22 cent.; larg., [illegible] cent.

CORDOVA

16 — *La Pêcheuse.*

Signé à droite, en bas.

Panneau. Haut., 32 cent.; larg., 25 cent.

CORDOVA

17 — *Les Républicains au château.*

Signé à droite, en bas.

Panneau. Haut., 65 cent.; larg., 5[illegible] cent.

CORDOVA

18 — *En Sentinelle.*

Signé à droite, en bas.

Panneau. Haut., 24 cent.; larg., 3[illegible] cent.

GORDIGIANI

19 — *Portrait de femme.*

Signé à droite, en haut, et daté : *1887.*

Toile. Haut., 60 cent.; larg., 50 cent.

INCONNU

20 — *Nymphe et faune.*

A gauche, une signature, en partie effacée, où l'on devine : *André* et une date.

Panneau. Haut., 17 cent.; larg., 10 cent.

INCONNU

21 — *La Surprise.*

Panneau. Haut., 33 cent.; larg., 24 cent.

INCONNU

22 — *Pêches et fruits.*

Panneau. Haut., 19 cent.; larg., 23 cent.

INCONNU

23 — *Marine.*

Toile. Haut., 32 cent.; larg., 54 cent.

INCONNU

24 — *Les Voitures de paille.*

Panneau. Haut., 27 cent.; larg., 41 cent.

JACQUOT-DEFRANCE

25 — *Les Falaises.*

Signé à droite, en bas, et daté : *1899.*

Panneau. Haut., 27 cent.; larg., 35 cent.

LAMATTE (Fernand)

26 — *Les Vestales.*

Signé à gauche, en bas.

Toile. Haut., 74 cent.; larg., 68 cent.

LAMBINET

27 — *Le Petit lavoir.*

A droite, le timbre de la vente : au dos, le cachet.

Panneau. Haut., 2[illegible] cent.; larg., 40 cent.

LAURENS (Jean-Paul)

28 — *La Visite au mourant.*

Signé à gauche, en bas.

Toile. Haut., 7[illegible] cent.; larg., 55 cent.

LEFRANC

29 — *Ruisseau sous bois.*

Signé à gauche, et daté : *1862.*

Toile. Haut., 50 cent.; larg., 40 cent.

LEVILLAIN (E.)

30 — *Coin de ferme.*

Signé à gauche, en bas.

Toile. Haut., 57 cent.; larg., 54 cent.

LEVILLAIN (E.)

31 — *Bords de rivière.*

Signé à droite, en bas.

Panneau. Haut., 34 cent.; larg., 25 cent.

MANCINI

32 — *Tête d'enfant.*

Signé à droite et daté : *1871.*

Toile. Haut., 50 cent.; larg., 57 cent.

METTLING (L.)

33 — *Portrait de femme.*

Signé à gauche, en bas, et daté : *76.*

Panneau. Haut., 22 cent.; larg., 18 cent.

MICHETTI (P.)

34 — *Petites bergères italiennes.*

Signé à gauche, en haut, et daté : *74.*

Panneau. Haut., 36 cent.; larg., 28 cent.

MONTICELLI

35 — *Bords de mer.*

Signé à gauche, en bas.

Panneau. Haut., 34 cent.; larg., 45 cent.

PALIZZI

36 — *Sortie du troupeau.*

Signé à droite, en bas.

Toile. Haut., 33 cent.; larg., 27 cent.

PARISSOT (A.)

37 — *Au Bord de la mer.*

Signé à droite, en bas.

Toile. Haut., 32 cent.; larg., 41 cent.

PARISSOT (A.)

38 — *Le Vieux château.*

Signé à gauche des initiales.

Toile. Haut., 32 cent.; larg., 40 cent.

PARISSOT (A.)

39 — *Pivoines dans un vase.*

Signé à droite des initiales.

Toile. Haut., 50 cent.; larg., 30 cent.

PERROT (G.)

40 — *Petite plage.*

Signé à gauche, en bas, et daté : *79*.

Panneau. Haut., 43 cent.; larg., 32 cent.

PILLE

41 — *Bords de mer.*

Signé à gauche.

Toile. Haut., 49 cent.; larg., 54 cent.

PILS (I.)

42 — *Femme d'Orient.*

A droite, le timbre de la vente.

Toile. Haut., 2 mètres; larg., [illegible].

PILS (I.)

43 — *Tête d'Arabe.*

A droite, le timbre de la vente.

Haut., 2[illegible] cent.; larg., 2[illegible] cent.

PILS (I.)

44 — *Un Arabe de Flissa.*

Signé à gauche, en bas.

Toile. Haut., 29 cent.; larg., 24 cent.

Vente Pils.

PILS (I.)

45 — *Tête d'Arabe de face.*

Signé à gauche du timbre de la vente.

Toile. Haut., 27 cent.; larg., [illegible] cent.

PINEL

46 — *Un Port du Midi.*

Signé à droite, en bas.

Toile. Haut., 50 cent.; larg., 67 cent.

PIOT (A.)

47 — *Portrait de femme.*

Signé à droite, en bas.

Toile de forme ovale. Haut., 62 cent.; larg., 51 cent.

STERNBERG-DAVIDS

48 — *Coucher de soleil sur les sables.*

Signé à gauche, en bas.

Toile. Haut., 55 cent.; larg., 46 cent.

STERNBERG-DAVIDS

49 — *Les Chevaux dans la rivière.*

Signé à gauche, en bas.

Toile. Haut., 58 cent.; larg., 80 cent.

VIANELLO

50 — *Sur la place Saint-Marc.*

Signé à droite, en bas.

Toile. Haut., 67 cent.; larg., 50 cent.

YON (Edmond)

51 — *Bords de rivière.*

Signé à droite, en bas.

Toile. Haut., 80 cent.; larg., 1 m. 30.

YON (Edmond)

52 — *Bords de rivière.*

Signé à droite, en bas.

Toile. Haut., 29 cent.; larg., 45 cent.

ZIEM

53 — *Clair de lune à Venise.*

Signé à droite, en bas.

Panneau. Haut., 35 cent.; larg., 48 cent.

AQUARELLES, DESSINS
GRAVURES

BALESTRIERI

54 — *L'Abandon.*

Gravure originale en couleurs, signée et numérotée 1.

BALESTRIERI

55 — *Sérénade.*

Gravure originale en couleurs, signée et numérotée 5.

BERTIER

56 — *Le Temple d'amour, à Versailles.*

Aquarelle.
Signé à gauche, en bas, et daté : *1909.*

Haut., 24 cent.; larg., 3[illegible] cent.

BÉTHUNE

57 — *Cathédrale d'Anvers.*

Aquarelle.
Signé à droite, en bas.

Haut., 26 cent.; larg., 38 cent.

BOUCHET (A.)

58 — *Le Repos dans le désert.*

Aquarelle.
Signé à droite, en bas.

Haut., 26 cent.; larg., 42 cent.

BOUCHET (A.)

59 — *Une Rue à Alger.*

Aquarelle.
Signé à droite, en bas.

Haut., 41 cent.; larg., 27 cent.

GELON

60 — *Enfant et chat.*

Dessin sanguine.
Signé à gauche, en bas.

Haut., 22 cent.; larg., 29 cent.

INCONNU

61 — *Copie.*

Aquarelle.

Haut., 19 cent.; larg., 13 cent.

LE GOUT-GÉRARD

62 — *Sur le quai.*

Gravure originale en couleurs.

Épreuve de remarque avec aquarelle originale de l'artiste, signée et numérotée 5.

LEVILLAIN

63 — *La Rivière sous la neige.*

Aquarelle.
Signé à droite, en bas.

Haut., 27 cent.; larg., 42 cent.

VIBERT

64 — *Le Procès de Colombine et de Pierrot.*

Aquarelle gouache.
Signé à droite, en bas.

Haut., 24 cent.; larg., 32 cent.

VOILLEMOT

65 — *Jeune femme endormie.*

Aquarelle.
Signé à gauche.

Haut., 29 cent.; larg., 22 cent.

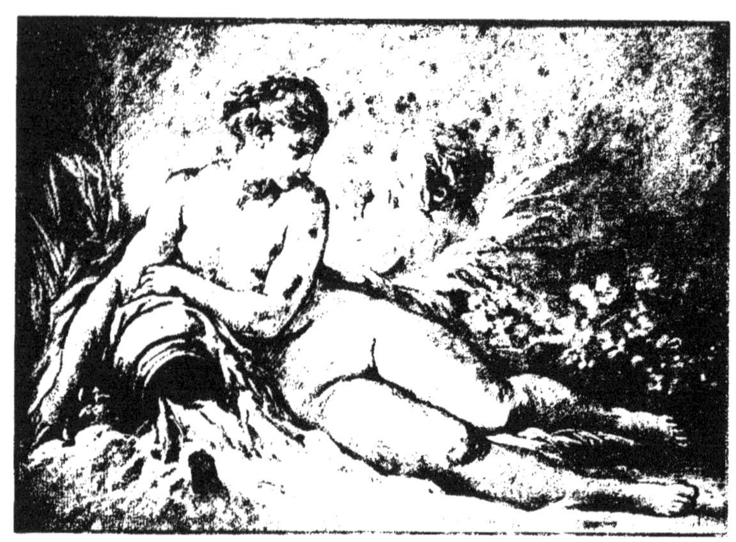

N° 67

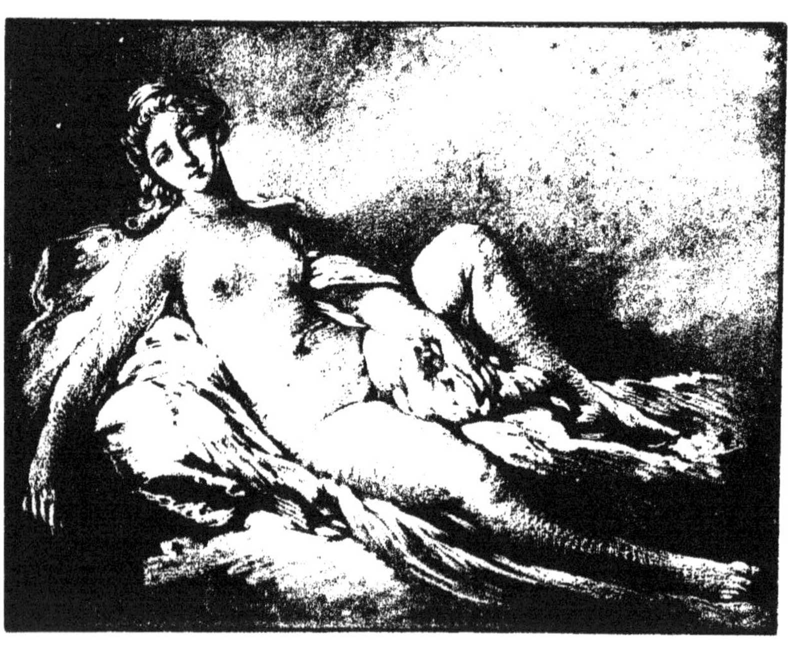

N° 66

TABLEAUX

DESSINS ANCIENS

BOUCHER (François)

66 — *Vénus au repos.*

Dessin au crayon rehaussé de pastel sur papier gris.
Signé en bas, à gauche, et daté : *1756.*

Haut., 29 cent.; larg., 39 cent.

A été gravé par L. Bonnet en fac-similé de pastel.

BOUCHER (François)

67 — *Une Source.*

Dessin au crayon rehaussé de pastel sur papier gris.

Haut., 23 cent.; larg., 33 cent.

TIEPOLO (Jean-Baptiste)

68 — *Persée délivrant Andromède.*

Esquisse de plafond.

Toile. Haut., 50 cent.; larg., 39 cent.

TIEPOLO (Dominique)

69 — *Sujets bibliques.*

Deux pendants.

Toiles. Haut., 45 cent.; larg., 56 cent.

ÉCOLE FRANÇAISE

(XVIIIe siècle)

70 — *Sujet grivois.*

Petit panneau. Haut., 15 cent.; larg., 12 cent.

ÉCOLE HOLLANDAISE

(XVIIe siècle)

71 — *La Marchande d'onguents.*

Toile. Haut., 92 cent.; larg., 1 m. 10.

ÉCOLE HOLLANDAISE

(XVIIe siècle)

72 — *Portrait d'homme en pourpoint noir et collerette de dentelle.*

Toile. Haut., 70 cent.; larg., 55 cent.

ÉCOLE ITALIENNE

(XVIIIe siècle)

73 — *Nymphe et faune.*

Toile ovale. Haut., 28 cent.; larg., 36 cent.

ÉCOLE VÉNITIENNE

(XVIIIe siècle)

74 — *Décollation d'un saint.*

Toile. Haut., 33 cent.; larg., 52 cent.

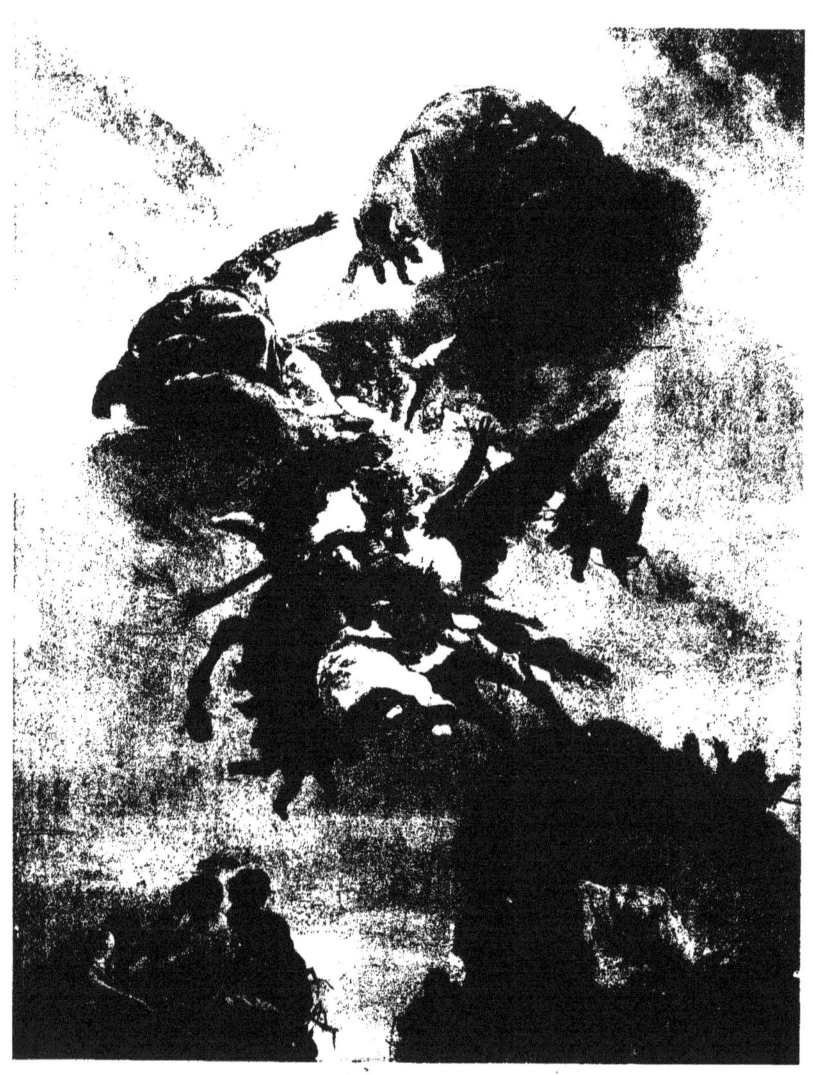

ESTAMPES ANCIENNES

DU XVIIIe SIÈCLE

ENCADRÉES

BAUDOUIN (D'après P.-A.)

75 — *Le Matin. — Le Midi. — Le Soir. — La Nuit.*

Suite de quatre pièces par de Ghendt.

Superbes épreuves avant toutes lettres, avec la tablette blanche. *Le Matin* et *Le Soir*, les deux pièces de la suite qui offrent des différences dans les états suivants, sont *découvertes*. Marge.

BOILLY (D'après L.)

76 — *L'Amant favorisé. — La Comparaison des petits pieds.*

Deux pièces par Chaponnier.

Épreuves coloriées. Marge.

CAZENAVE (Par et d'après)

77 — *A l'Amour il faut se rendre. — Le Nid d'amour.*

Deux pièces in-fol. faisant pendant, imprimées en couleurs. Marge.

CHALLE (D'après F.)

78 — *The officious waiting woman.*

Pièce en largeur, par Chaponnier.

Bonne épreuve coloriée. Marge.

FREUDEBERG (D'après S.)

79 — *Le Petit jour.*

Par de Launay.

Belle épreuve. Petite marge.

LANCRET (D'après N.)

80 — *Le Matin. — Le Midi. — L'Après-dinée. — La Soirée.*

Suite de quatre pièces par de Larmessin.
Bonnes épreuves. Marge.

LAWREINCE (D'après N.)

81 — *L'Heureux moment.*

Par de Launay.
Belle épreuve. Petite marge.

MORLAND (D'après G.)

82 — *Le Départ pour le marché. — Les Citadins à la ferme.*

Deux pièces en noir ; copies françaises. Sans marge.

VANGORP (D'après)

83 — *Reviendra-t-il, le volage ?*

Par Honoré.
Bonne épreuve coloriée.

84 — *Les Hasards heureux de l'escarpolette. — L'Agréable négligé. — La Compagne de Pomone.*

Trois pièces reproductions.

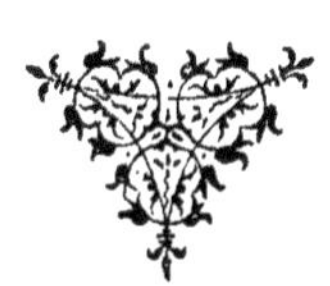

Objets d'Art et d'Ameublement

BIJOUX — ORFÈVRERIE

85 — Sous ce numéro, boites, bonbonnières, boites à allumettes en argent.

86 — Deux broches or et cuivre avec camée coquille ovale.

87 — Quatre épingles de cravate or et cuivre, formées de roses, médailles antiques et perles fines et une bague or et améthyste. (Sera divisé.)

88 — Coulant de cravate et paire de boutons de manchettes faits de pièces de monnaie en or.

89 — Paire de boutons de manchettes et neuf boutons de chemise en or.

90 — Collier de fausses perles avec fermoir formé d'un vrai brillant.

91 — Quatre montres d'homme et un médaillon en or.

92 — Chaine de montre d'homme en or avec cachet en argent ciselé.

93 — Coupe-papier en ivoire, manche en argent ciselé doré.

94 — Porte-plume en écaille jaspée, monture en or, et un coupe-papier écaille brune avec initiales en or.

95 — Montre de l'époque Louis XIV en cuivre ciselé.

96 — Baromètre et montre de bureau.

97 — Flacon en verre, monture argent doré et une cuillère argent.

98 — Porte-fleurs en cristal, monture en argent ciselé. Style Louis XVI.

99 — Paire de girandoles bout de table à quatre lumières, en argent. Style Régence. *Maison Boin-Taburet.*

100 — Jardinière de surtout en argent ciselé. Style Louis XV. *Maison Boin-Taburet.*

101 — Surtout de table de forme contournée en argent ciselé, dessus de glace. Style Louis XV.

FAIENCES — PORCELAINES

10.900 Weinberg 102 — Paire de vases en ancienne faïence de Delft, à huit pans et à côtes, décorées en couleurs : buissons fleuris, oiseaux, insectes et lambrequins à la partie supérieure. Elles sont montées en bronze doré et forment candélabres.

Hauteur des vases, 35 cent.

6.050 Pisani 103 — Bouteille à col, à double renflement, en ancienne faïence de Delft, décor analogue. Marque de *Roos*.

Haut., 43 cent.

560 104 — Quatre assiettes en ancienne faïence de Rouen, décor polychrome à trophée d'attribut, bordure à lambrequins.

50 105 — Gargoulette en ancienne faïence italienne.

510 Caillot 106 — Plat en ancienne faïence de Deruta, à reflets métalliques, décoré, au centre, d'un B ; au marli, de motifs rayonnants.

60 107 — Coupe en ancienne faïence italienne, décorée d'un amour au centre ; compartiments rayonnants au marli.

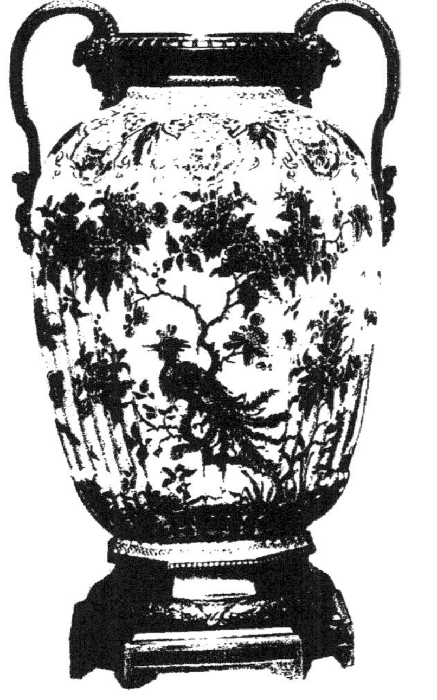

N° 102

N° 103

N° 102

108 — Petite coupe à bord replié, en ancienne faïence italienne d'Urbino, décorée, au fond, d'un sujet à trois personnages : la Maternité, avec arabesques, xvie siècle.

109 — Paire de grands vases à anses en céramique, décorés d'arabesques, dans le goût de l'antique. Socles en bois cannelés.

Hauteur totale, 1 m. 85.

110 — Quatre plats en céramique de Deck, 1861, figurant les quatre Saisons. Encadrement en bois noir.

111 — Grand tableau en céramique, représentant Mars et Vénus. Signé en bas, à gauche : *Jean*. Cadre en bois sculpté.

112 — Six assiettes en ancienne porcelaine de Chine, fond bleu fouetté, et médaillons réservés en couleurs : dragons, fleurs et oiseaux.

113 — Potiche, forme balustre, en ancienne porcelaine de Chine, décorée, en émaux de couleurs, de personnages.

114 — Assiette en ancienne porcelaine de la Compagnie des Indes, décorée, pour l'Europe, en émaux de couleurs, d'un curieux motif d'après Teniers.

115 — Paire de vases couverts en porcelaine de Chine, décor bleu.

116 — Objets divers en céramique variée.

117 — Compotier, de forme contournée, en ancienne porcelaine de Saxe, décoré en couleurs et camaïeu rouge d'un sujet mythologique au centre, entouré d'arabesques et fleurs.

OBJETS VARIÉS

118 — Lampe électrique faite d'un vase en verre artistique, monture en argent ciselé.

119 — Grand vase-cornet en verre de *Daum*, de Nancy.

120 — Lustre à cinq lumières électriques, en verre de Venise.

121 — Surtout de table en trois parties, en bois sculpté doré, à dessus de glaces, orné de trophées et attributs. Style xviiie siècle.

122 — Surtout de table de forme contournée, en bronze ciselé doré, style Louis XV. Il est décoré de quatre statuettes et fleurs en porcelaine décorée genre Saxe.

123 — Autre surtout en bronze doré et dessus de glace, accompagné de sept statuettes en biscuit.

124 — Paire de petits flambeaux en bronze ciselé et figurines d'amours en biscuit et fleurettes en porcelaine.

125 — Trois groupes en biscuit moderne.

126 — Deux très petites gravures rondes, imprimées sur satin. Époque Louis XVI.

127 — Petite miniature ronde : portrait d'une jeune fille. Époque Louis XVI.

128 — Vases et potiches en émail cloisonné de Chine et du Japon.

129 — Jardinière ronde en cuivre à godrons, sur pied en fer et bois, à colonnettes torses.

130 — Deux mannequins de guerriers japonais, munis de leurs armures, tenant une lance et un poignard.

131 — Trois lampes de mosquée en cuivre ajouré.

132 — Huit masques japonais.

133 — Deux verrières munies de quatre vitraux suisses du xviie siècle : guerriers et armoiries.

134 — Deux buires orientales en cuivre gravé.

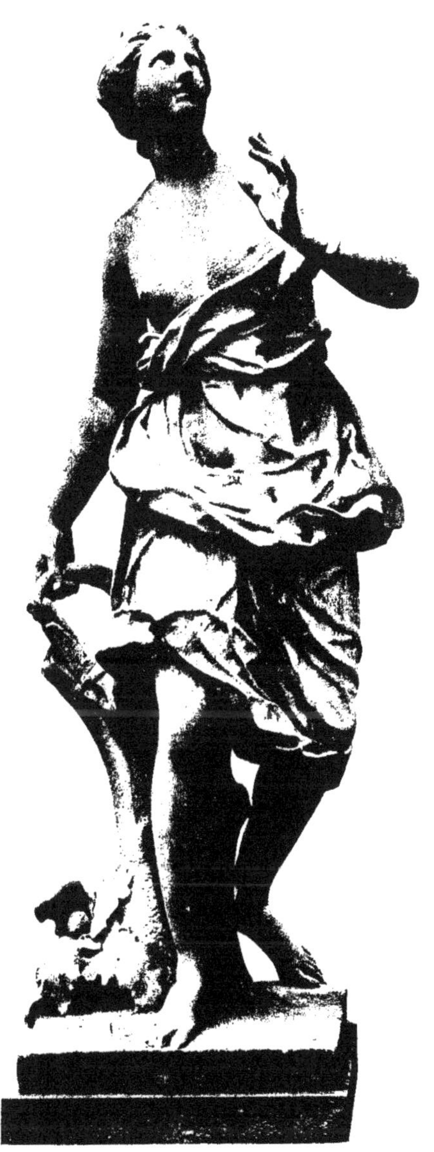

N° 140

135 — Coffret en bois peint au vernis, fond rose et nacré, orné de motifs en cuivre découpé et gravé, enrichi de pierres. Style Louis XV. *Maison Tahan.*

136 — Glace dans un encadrement en noyer sculpté. Style Renaissance.

137 — Miroir dans un cadre en bois sculpté et doré, à colonnettes et frises d'arabesques. Travail italien.

138 — Coffret en bois sculpté et pâte, doré et polychromé, à sujet de personnages et armoirie. Travail italien.

139 — Deux paires de landiers et paire de flambeaux à trois lumières, une lanterne, une suspension-veilleuse, pelles, pincettes, flambeau fer forgé. (Sera divisé.)

SCULPTURES

Anciennes et Modernes

140 — Statue de jardin en marbre blanc sculpté représentant une suivante de Diane. XVIIIe siècle.

Haut., 1 m. 80.

141 — Statue grandeur nature en marbre blanc, par *Eugène Thirier :* Charmeuse de serpent.

142 — Deux statuettes en marbre blanc, par *Girard :* la Modestie et la Coquetterie.

143 — Buste de jeune femme en marbre blanc. Style XVIIIe siècle.

144 — Buste de femme en bois sculpté patiné, signé *Vimnéra* daté 1900.

145 — Petit panneau en bois finement sculpté. Sphinx par *Vimnéra.*

146 — Statuette en terre cuite : Jeune fille au nid, par *A. Carrier.*

147 — Buste en marbre blanc, la reine Marie-Antoinette d'après Pajou : gaine en bois sculpté doré de style Louis XVI.

148 — Buste en marbre blanc, la comtesse du Barry, d'après Pajou : gaine en bois sculpté doré de style Louis XVI.

149 — Deux statuettes de femmes drapées à l'antique portant une urne. Terres cuites signées : Lannayean.

150 — Buste de fillette en marbre blanc, par *Lanzirotti*, socle en porcelaine émaillée bleue.

151 — Paire de futs de colonnes-support, en marbre brèche violette.

BRONZES — PENDULES

152 — Grande pendule en marqueterie de cuivre sur écaille, ornée de bronze doré avec figures, représentant les Trois Parques. Style Louis XIV.

153 — Paire de chenets en bronze ciselé doré, à figures de Chinois, rocailles et feuillages. Style Louis XV.

154 — Paire de chenets en bronze ciselé et doré, modèle à attributs militaires. Style Louis XV.

155 — Vase en porcelaine de Chine, bleu fouetté, monté en bronze ciselé doré, formant aiguière. Style Louis XV.

156 — Pendule-cartel et baromètre applique, de forme contournée, en marqueterie de corne gravée, sur cuivre, ornementée de bronzes dorés à rocailles et feuillages. Style Louis XV.

157 — Trois paires d'appliques à deux lumières, en bronze ciselé et doré, modèles à feuillages et graines. Style Louis XV.

158 — Une paire d'appliques à trois lumières, en bronze ciselé doré, orné de cristaux. Style Louis XIV.

159 — DEUX PAIRES D'APPLIQUES à trois lumières électriques, en bronze doré et cristaux. Style Louis XIV.

160 — PENDULE en marqueterie de cuivre sur écaille, ornée de bronze doré. Style Régence.

161 — PAIRE DE FLAMBEAUX en bronze doré. Style Régence.

162 — PAIRE DE CHENETS en bronze redoré, modèle à figures d'enfants nus, sur socle à médaillon et mascaron. Époque Régence.

163 — PAIRE DE CHENETS en bronze patiné.

164 — BRONZE d'après Chapu : *La Jeunesse* (du monument d'Henri Regnault, à l'École des Beaux-Arts). Édition Barbedienne.

Haut., 65 cent.

165 — COUPE en bronze, d'après l'antique. Maison Barbedienne.

166 — BUSTE de Lamartine, en bronze, sur socle fût cannelé en marbre noir.

167 — LAMPADAIRE électrique, fait d'un bouddha en faïence de Satzuma, assis sur une monture feuillagée et au pied d'un palmier en bronze garni de cristaux.

168 — POT couvert, à deux anses en bronze patiné, gravé de palmettes et grecques. Travail chinois.

169 — CARTEL en bronze doré, de style Louis XV. Cadran signé *Gille l'aîné, à Paris*.

170 — GROUPE en bronze patiné, par Bulio : *La Mutualité couronnant la Solidarité*.

171 — GRAND GROUPE en bronze patiné : *Gloria victis!* d'après Mercié. Édition Barbedienne. Socle bois noir.

Haut., 1 m. 85.

172 — DEUX LAMPES électriques, faites chacune d'une statuette de guerrier et danseur japonais près d'un arbuste porte-lumière, en bronze patiné et partiellement doré.

173 — Groupe en bronze patiné, par *Villanis :* la Palette.

174 — Coupe à deux anses, en bronze argenté, modèle d'après l'antique. Édition Barbedienne. Socle en marbre noir.

175 — Deux statuettes en bronze patiné, paysans assis, sur socle en marbre vert.

176 — Grande statuette en bronze patiné : *Mercure,* d'après Jean de Bologne. Socle fût en marbre.

Hauteur du bronze, 1 m. 10.

177 — Grand lustre électrique en bronze doré et cristaux, de style Louis XIV.

178 — Paire de flambeaux à deux lumières, en bronze ciselé et argenté, de style Louis XV.

179 — Paire de coupes en cristal, sur pieds supports en bronze ciselé et argenté, de style Louis XV.

180 — Vase en bronze patiné et doré, avec couvercle, sur socle en marbre. Style Régence.

181 — Grande vasque en bronze patiné, doré et laqué. Travail japonais.

182 — Vasque en bronze chinois frotté d'or, décorée de médaillons à paysages et inscriptions.

183 — Vasque en bronze chinois, décor en relief : oiseaux et branchages.

184 — Pendule sur console support en bronze doré, cadran demi circulaire, à une seule aiguille. Signé : *Planchon, à Paris.*

185 — Lustre électrique à huit lumières, en bronze ciselé, orné de boules en cristal.

186 — Petit lustre électrique forme corbeille, en bronze doré et fleurettes en cristal. Style Louis XV.

2.500 187 — Paire de girandoles à cinq lumières en bronze et cristaux de roche.

4.000 Fabre 188 — Lustre à dix-huit lumières, en bronze et cristaux de roche. Style Louis XIV. Disposé pour la lumière électrique.

4.000 Lasquin 189 — Autre lustre à douze lumières, en bronze ciselé doré, garni de cristaux de roche. Style Louis XIV. Disposé pour la lumière électrique.

500 190 — Paire de girandoles à cinq lumières, en bronze ciselé doré, ornées de cristaux. Style Louis XIV.

191 — Trois appliques à deux lumières, en bronze doré. Style Louis XV. Disposées pour le gaz.

192 — Lustre électrique à huit lumières, en bronze orné de cristaux de roche. Style Louis XIV.

193 — Huit appliques électriques en forme de flambeau sur fond à rocailles, en bronze doré et émaillé bleu.

194 — Paires d'appliques, modèle analogue plus simple.

310 195 — Paire d'appliques électriques à deux lumières, en bronze, feuillages et rubans.

196 — Grand lampadaire électrique, formé d'une grue et de branchages fleuris, bronze patiné.

Haut., 1 m. 90.

290 197 — Paire de lanternes en bronze ajouré supportées par des potences de bronze.

198 — Suspension électrique de billard, en cuivre.

199 — Deux statuettes en bronze, formant lampadaires électriques, par *Sabatier* et *Laporte-Blairsi*.

200 — Petit buste en bronze patiné, représentant Raphaël, par *E. Boitel*.

1.460 Un groupe de marbre : femme couchée

201 — Petit porte-fleurs en bronze doré et patiné, par *Provost.*

202 — Presse-papier en bronze patiné femme nue couchée, par *J. Pradier.*

203 — Petit thermomètre en bronze doré. Style Louis XV.

204 — Paire de flambeaux à deux lumières en bronze argenté.

205 — Sous ce numéro, nombreux petits bronzes, statuettes, porte-fleurs, vases, presse-papiers, etc. (Sera divisé.)

MEUBLES

206 — Meuble à quatre portes et quatre tiroirs, en noyer sculpté, avec incrustations de marbre; décor en bas-relief : figures de femmes, enfants, dauphins et fleurs. (Quelques parties du xvie siècle.)

207 — Table-bureau, de forme contournée, en bois sculpté, laqué et doré. Style Louis XV.

208 — Ameublement de bureau en palissandre mouluré et ciré, comprenant : un bureau plat, une bibliothèque, un coffre-fort gainé, deux consoles demi-lune, un canapé et trois fauteuils.

209 — Lit de milieu en bois sculpté ciré, comprenant quelques parties anciennes du xviie siècle ; il est muni de son ciel de lit et de pentes en broderie au passé, et dessus de lit en étamine, brodée de soie simulant l'or.

210 — Armoire à quatre portes, en chêne mouluré et sculpté, orné de pentures en fer. (Quelques parties du xvie siècle.)

211 — Petite console en bois sculpté, décor de feuillages et rocailles. Dessus de marbre. Époque Louis XV.

212 — Table en chêne, à pieds et traverse tors. Style Louis XIII.

213 — Commode à trois tiroirs, en marqueterie de bois de placage. Dessus de marbre. Époque Louis XVI.

214 — Table de salle à manger, de forme ovale, en bois sculpté laqué blanc. Style Louis XV.

215 — Paire de grandes consoles-appliques à quatre pieds, en bois sculpté laqué blanc. Dessus de marbre de couleur. Style Louis XV.

216 — Deux paires de petites consoles d'angle à un pied, modèle analogue au précédent.

217 — Table oblongue en bois sculpté laqué blanc. Style Louis XV.

218 — Dix-huit chaises cannées de salle à manger, en bois sculpté peint blanc. Style Louis XV.

219 — Table de salon en bois sculpté doré, à croisillon. Dessus de marbre brèche violette. Style Régence

220 — Grande console en bois sculpté doré. Dessus de marbre brèche. Style Régence.

221 — Table à jeu en marqueterie de bois debout à fleurs, ornée de bronze. Style Louis XV.

222 — Commode en noyer sculpté ciré, de forme contournée, à trois tiroirs, avec poignées en bronze. Dessus de marbre. Style Louis XV.

223 — Table de nuit et une table en noyer sculpté. Style Louis XV.

224 — Secrétaire en noyer sculpté ciré, avec dessus de marbre. Style Louis XV.

225 — Grand billard en bois noir, avec ses accessoires. Marque de *Poulain*.

226 — Meuble-crédence en bois sculpté, en partie de la Renaissance.

227 — MEUBLE-CRÉDENCE en bois noir sculpté et gravé, orné de statuettes et bas-relief en bronze et incrustations de plaques de lapis. Style Renaissance.

228 — BUREAU-MINISTRE en bois noir sculpté, orné de plaquettes en marbre de couleur.

229 — MEUBLE-CABINET DE BUREAU en bois noir sculpté, incrusté de marbre de couleur.

230 — PETIT MEUBLE à porte et tiroir, en noyer sculpté. Style Renaissance.

231 — BAHUT ouvrant à deux portes et un tiroir en chêne sculpté. Style Renaissance.

232 — TABLE DE NUIT en bois sculpté à cariatides. Style Renaissance.

233 — SOCLE-SUPPORT à quatre colonnettes torses en noyer.

234 — ARMOIRE sur pieds élevés en acajou, à deux portes à coulisses, ornée de bronzes et dessus de marbre. Style Louis XVI.

235 — GUÉRIDON rond en bois sculpté peint blanc, à quatre pieds cariatides, feuillages et coquilles. Dessus de marbre. Style Louis XV.

236 — QUATRE PETITES BANQUETTES à dossiers cannés, en bois sculpté peint blanc. Style Louis XV.

237 — CINQ CHAISES cannées en bois sculpté, peint blanc. Style Louis XV.

238 — QUATRE ARMOIRES à une porte, à glace biseautée, en acajou mouluré, ornées de bronzes, dessus de marbre. Style Louis XVI.

239 — MEUBLE-TOILETTE en acajou, de même style, dessus de marbre rouge, accompagné d'une glace ornée de bronze.

240 — TABLE A COIFFER en acajou, dessus de marbre rouge.

241 — Table a lire en noyer mouluré. *Maison Maucham.*

242 — Table chinoise en bois sculpté doré, ornée de plaques en porcelaine décorée.

243 — Table en noyer sculpté, à rallonges et traverse d'entre-jambes à balustres. Style Renaissance.

244 — Deux petits meubles de peintre en bois sculpté : un de style Renaissance.

245 — Trois petites tables en noyer sculpté, à colonnettes et balustres, dont une à dessus de peluche. Style Renaissance.

246 — Table en noyer sculpté à colonnettes. Style Renaissance.

247 — Autre table rectangulaire, en noyer sculpté à croisillons.

248 — Meuble-cabinet portugais, en bois sculpté partiellement doré avec incrustations d'os. Il est garni extérieurement d'appliques en fer découpé et doré, avec pied-support à colonnettes.

249 — Paire de socles circulaires, en bois et pâte peints et dorés. Style Louis XVI.

250 — Petit bahut à une porte, en bois sculpté ciré. Style Louis XIII.

251 — Deux colonnes-supports en noyer sculpté, à baguettes torses.

252 — Deux porte-manteaux-appliques en chêne sculpté, avec patères en cuivre.

253 — Petit ameublement en bois sculpté et laqué vert d'eau, comprenant un canapé, quatre fauteuils, quatre chaises et une petite table.

254 — Table ovale, formant jardinière, en marqueterie de bois de placage, orné de bronzes.

255 — Deux pieds-supports carrés, en bois de fer sculpté, dessus de marbre incrusté. Travail chinois.

256 — Piano à queue d'Érard, en palissandre, n° 39423.

257 — Ameublements et sièges de jardin en fer et rotin, comprenant chaises, bancs, fauteuils, guéridons.

SIÈGES
Anciens et Modernes

258 — Fauteuil de bureau canné en bois sculpté de style Louis XV.

259 — Fauteuil de bureau, à siège tournant, en bois sculpté ciré, canné, garni de cuir. Style Louis XVI.

260 — Fauteuil en bois sculpté. Époque Louis XIV; garniture de velours vert réséda.

261 — Autre fauteuil analogue, avec traverses, d'époque Louis XIV.

262 — Fauteuil canné, en bois sculpté, à croisillon. Époque Louis XV.

263 — Autre fauteuil analogue de même époque.

264 — Paire de grands fauteuils en bois sculpté, doré, garnis de soie brochée verte à fleurs. Style Louis XV.

265 — Chaise longue en une seule partie, en bois sculpté doré, couverte de soie brochée, fond vert. Style Régence.

266 — Chaise longue en bois sculpté, partiellement doré, recouverte en soie brochée à quadrillés et rayures.

267 — Petit canapé en noyer sculpté, ciré, rehaussé d'or, garni de soie brochée. Style Louis XV.

268 — Fauteuil bergère, de même style. Travail analogue.

269 — Paire de chaises cannées en bois sculpté doré. Munies de coussins de soie brochée à fleurs. Style Louis XIV.

270 — Six chaises cannées en bois sculpté doré, de trois modèles différents. Style Louis XV.

271 — Deux tabourets X en bois sculpté doré, couverts en velours de Gênes. Style Louis XV.

272 — Deux chaises modern-style et deux fauteuils à siège triangulaire.

273 — Chaise en noyer sculpté à pieds-griffes, garnie de velours.

274 — Paire de fauteuils en noyer sculpté, garnis de velours vert réséda. Style Louis XV.

275 — Paire de chaises en noyer, richement sculpté. Style Renaissance.

276 — Deux chaises et deux tabourets en bois tourné. Style Louis XIII ; garniture de velours.

277 — Douze chaises en noyer, garnies de cuir doré.

SIÈGES
couverts en tapisserie

278 — Deux grands fauteuils en noyer sculpté ciré, garnis de tapisserie au point, l'un de l'époque Louis XIII, l'autre de style Louis XIV.

279 — Fauteuil à oreilles en velours, garni, au siège et au dossier, d'ancienne tapisserie au point.

280 — Paire de grands fauteuils en bois sculpté doré, garnis de tapisserie d'Aubusson : vases de fleurs sur fond blanc ; encadrement de feuillages et rinceaux sur fond bleu. Style Louis XIV.

281 — Paire de fauteuils-bergères en bois sculpté doré, de style Louis XIV, garnis en tapisserie au point : personnages et fleurs, en partie de l'époque Louis XIV.

282 — Important mobilier de salon, comprenant : un grand canapé à joues et quatre grands fauteuils, en bois sculpté doré, couverts de tapisserie d'Aubusson à bouquets de grosses fleurs sur fond blanc. Style Régence.

283 — Paire de bergères a oreilles, en bois sculpté et doré, garnies de tapisserie d'Aubusson : vases de fleurs sur fond blanc. Style Louis XV.

ÉTOFFES — TAPIS

284 — Garniture de fenêtre comprenant un bandeau et deux rideaux en ancienne broderie au point de Hongrie.

285 — Deux portières en broderie au passé, rinceaux sur fond bleu.

286 — Trois décors de fenêtre en satin bleu brodé de soie, à corbeilles de fleurs. Travail chinois.

287 — Trois paires de rideaux en damas vert.

288 — Lot de coussins en tapis d'Orient.

289 — Lot de coussins en velours et soie.

290 — Trois tapis de table en soie.

291 — Fort lot de tapis et carpettes d'Orient. Sera divisé.

292 — Grande carpette style oriental, à fond blanc et encadrement fond bleu.

Long., 5 m. 40 ; larg., 3 m. 60.

293 — Très grande carpette de Smyrne, dessins bleus sur fond rouge.

Long., 7 m. 40 ; larg., 6 m. 85 environ.

294 — Autre carpette analogue, plus petite.

Long., 6 m. 80 ; larg., 4 m. 40 environ.

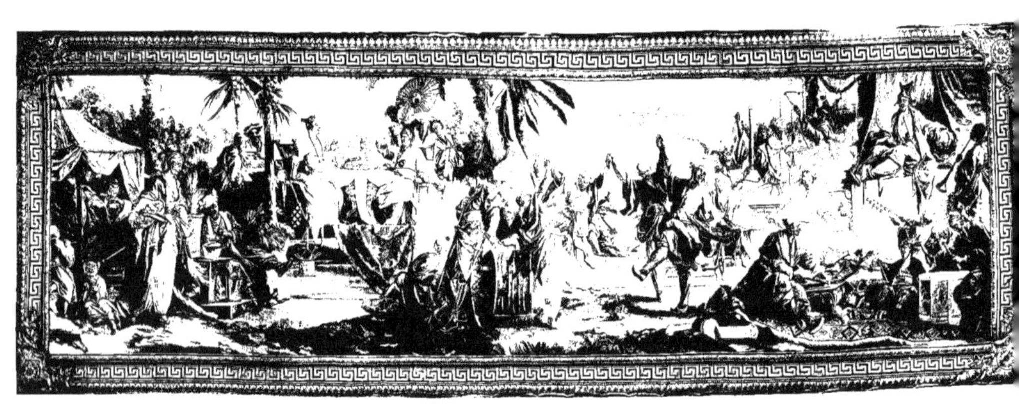

298

TAPISSERIES ANCIENNES

TAPISSERIE de la Manufacture Royale de Beauvais, faisant partie de *la Tenture des Chinois* (2e tenture en six pièces), exécutée pour la première fois en 1743, sous la direction de Nicolas Besnier et J.-B. Oudry (1734-1753), d'après des esquisses de Fr. Boucher[1]. Elle représente, pensons-nous, réunies en un seul panneau, deux pièces de la tenture.

142.000 Colas

295 — *Le Repas chinois & La Danse* (1re et 3e pièces).

A gauche, c'est le repas chinois, auquel prennent part un couple de personnages, assis de chaque côté d'une table dressée sur une terrasse dominant une pièce d'eau. Des suivantes et des serviteurs préparent les mets, apportent des fleurs. Au premier plan se voit un Chinois se disposant à faire rafraîchir une bouteille en la plongeant dans l'eau, pendant que deux guerriers sont au repos veillant cependant à la sécurité des maîtres. A droite, c'est la danse à laquelle se livre un groupe de danseurs, s'ébattant aux accords d'un orchestre d'hommes et de femmes jouant d'instruments divers ; à l'extrême droite, sur une estrade, un personnage de marque préside à la fête. Fond de paysage, pagodes, etc.

Belle et riche bordure simulant un cadre doré à frise de grecque ; coloris frais, belle conservation.

Haut., 3 mètres ; larg., 8 m. 90.

Les dessins de F. Boucher, d'après lesquels ont été exécutées ces tapisseries, se trouvent au musée de Besançon. Ils ont été gravés par Huquier : quatre de ces gravures sont visibles dans les galeries du Musée des Arts décoratifs, au Pavillon de Marsan.

1. Voir Badin, *La Manufacture de Tapisseries de Beauvais*.

TAPISSERIE DE LA MANUFACTURE ROYALE DE BEAUVAIS, faisant partie de *la Tenture des Chinois* (1re tenture), exécutée vers 1724, sous la direction de De Mérou (1722-1734), d'après les cartons de Baptiste, Blin de Fontenay et Vernansal[1]. Elle représente :

32.500 Comte de Suzannet

296 — *Le Prince en voyage.*

Au milieu de la composition, se dirigeant vers la gauche, le prince, sceptre en main, est assis dans un palanquin porté par quatre Chinois et suivi de cavaliers mongols dont deux portent des étendards. Tout à fait à gauche s'ouvre une pagode sur la dernière marche de laquelle un personnage barbu se tient debout prêt à accueillir le souverain. Deux autres personnages complètent le tableau, l'un prosterné, l'autre jetant des fleurs sur le passage du cortège. Fond de ville chinoise et paysage.

Très belle tapisserie d'une coloration fraîche et dans un bel état de conservation.

Haut., 2 m. 85 ; larg., 4 m. 85.

1. Voir Badin, *La Manufacture de Tapisseries de Beauvais.*

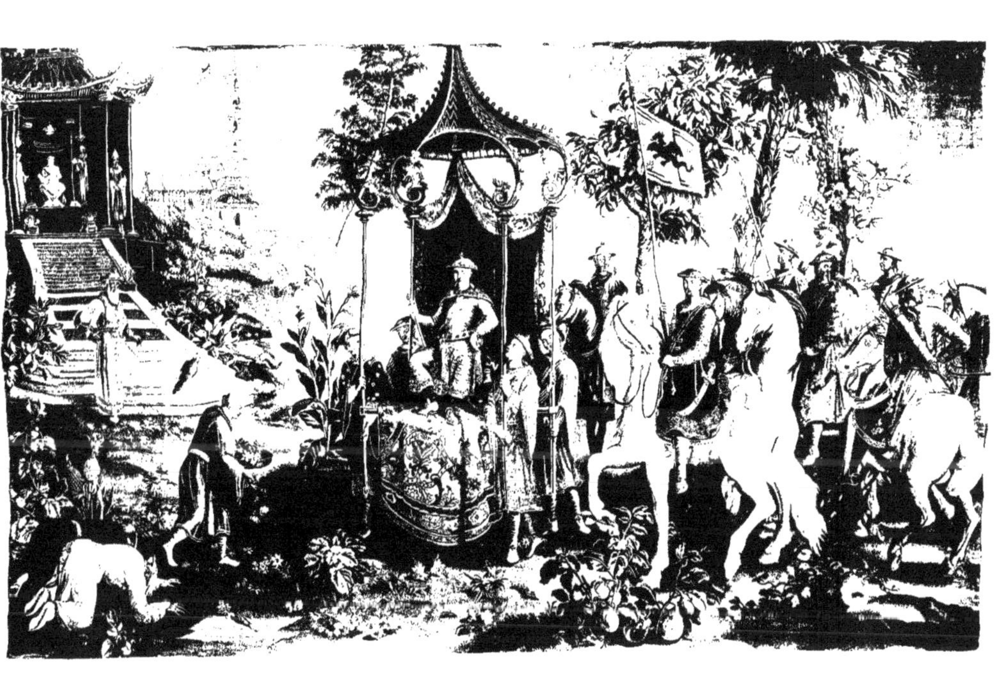

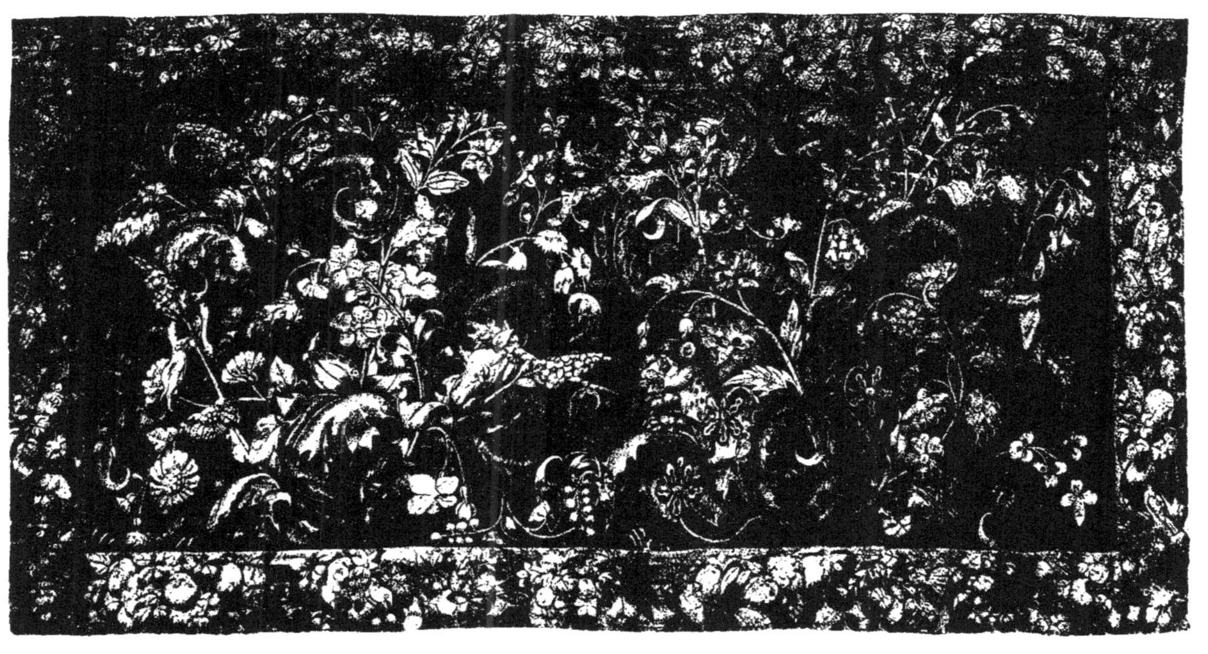

N° 297

297 — Tapisserie flamande du xvie siècle, à grands ramages, verdure et animaux. Bordure d'encadrement à fleurs et fruits.

Haut., 2 m. 37 ; larg., 4 m. 40.

298 — Tapisserie flamande du temps de Louis XII, offrant une riche composition à nombreux personnages civils et militaires vêtus de riches costumes, à pied et à cheval, escortant ou apportant des présents à un roi (paraissant être Louis XII).

Haut., 2 m. 55, larg., 4 m. 10.

299 — Tapisserie de Bruxelles, commencement du xviiie siècle : sujet mythologique à fond de paysage. Encadrement de bordure à entrelacs et fleurs.

Haut., 2 m. 55 ; larg., 1 m. 80.

300 — Autre tapisserie analogue à la précédente.

Haut., 2 m. 55 ; larg., 1 m. 60.

301-305 — Série de cinq tapisseries composées de huit petits panneaux d'ancienne tapisserie du xviie siècle, représentant des chasses sur fond de paysage. Compositions intéressantes par les costumes des chasseurs et cavaliers. Quatre tapisseries ont chacune deux bordures verticales anciennes sur les côtés, à motifs de fleurs, fruits et oiseaux ; les autres bordures sont en imitation de tapisserie.

Haut., 2 m. 60.

Largeurs : 3 m. 10.
3 m. 15.
2 m. 55 et 1 m. 80, soit 4 m. 35.
2 m. 25 et 1 m. 65, soit 3 m. 90.
2 m. 35 et 1 m. 95, soit 4 m. 30.

Développement d'ensemble des huit panneaux formant les cinq tapisseries : environ 19 mètres.

306 — Tapisserie de Bruxelles du xvie siècle, à sujet guerrier. Bordure sur deux côtés, avec enfants, animaux, fleurs et fruits.

Haut., 2 m. 55 ; larg., 4 m. 65.

307 — Portière en ancienne tapisserie verdure d'Aubusson. Bordure sur trois côtés, à rinceaux feuillagés.

Haut., 2 m. 55 ; larg., 1 m. 25.

1.750 308 — Tapisserie verdure des Flandres de l'époque Louis XIV, ornée d'une habitation et animée d'oiseaux. Bordure sur trois côtés à fleurs et fruits.

Haut., 2 m. 40; larg., 5 m. 10.

900 Payer 309 — Panneau de tapisserie verdure des Flandres, xviie siècle. Bordure sur deux côtés.

Haut., 2 m. 40; larg., 2 m. 20.

560 310 — Petite tapisserie verdure analogue. Bordure à la partie supérieure.

Haut., 2 m. 40; larg., 1 m. 10.

1.605 311 — Décor de baie en ancienne tapisserie flamande: colonnes torses enguirlandées de fleurs et baguettes enrubannées.

810 London 312 — Deux panneaux d'ancienne tapisserie verdure des Flandres.

Haut., 3 mètres; larg., 1 m. 30.
Haut., 3 mètres; larg., 1 m. 15.

1.600 Flatto 313 — Tapisserie d'Aubusson du xviiie siècle, formant deux portières : verdures avec volatiles, fond ville. Bordures d'encadrement, fleurs et rubans.

Haut., 2 m. 55; larg., 2 m. 85.

1.060 London 314 — Tapisserie flamande du xvie siècle, quatre personnages devant un palais.

Haut., 2 m. 45; larg., 2 mètres.

2.505 Diot 315 — Tapisserie flamande de la fin du xvie siècle. Sujet à grands personnages, fond de paysage. Bordure d'encadrement (partie refaite), faite de médaillons, chutes de fleurs et fruits.

Haut., 4 mètres; larg., 5 m. 60.

1.560 Bragger 316 — Autre tapisserie de la même suite (incomplète).

Haut., 4 mètres; larg., 3 m. 15.

2.000 Flatto 317 — Tapisserie verdure d'Aubusson du xviiie siècle, avec château et volatiles. Bordure d'encadrement à rinceaux de fleurs.

Haut., 2 m. 55; larg., 1 m. 80.

---

318 — Sous ce numéro sera vendu le mobilier courant, linge, garde-robe, cave.

Produit 442.000 francs

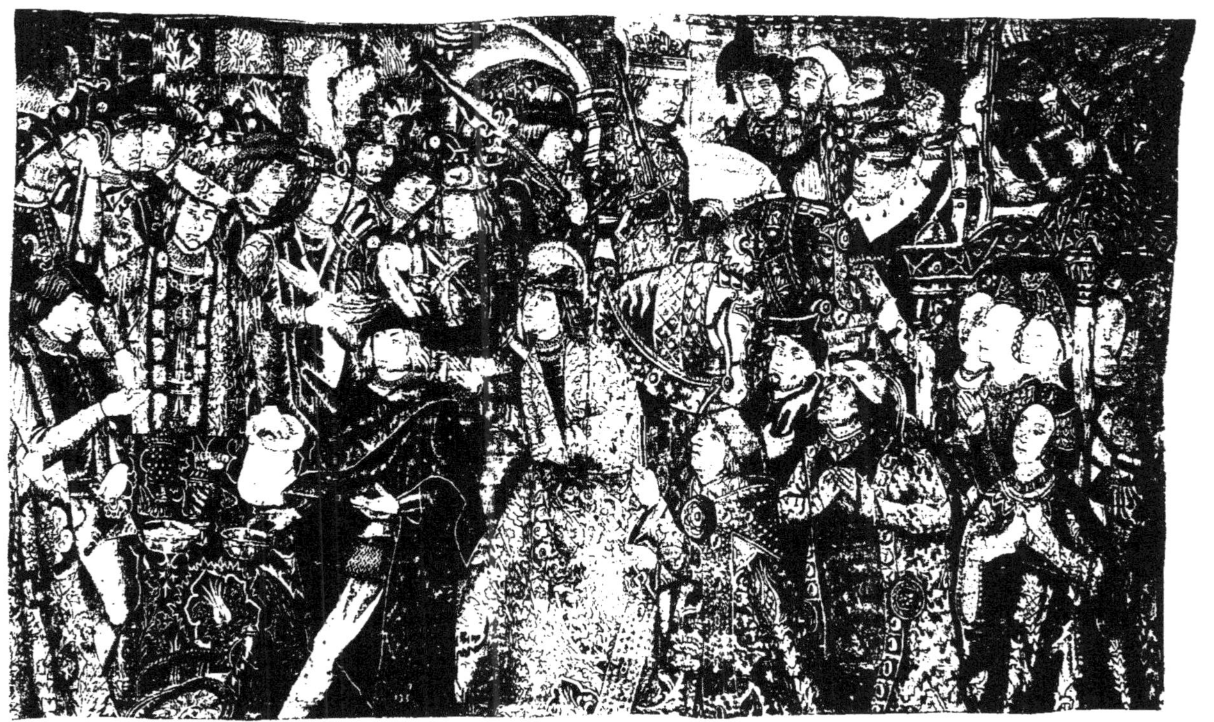

298

www.ingramcontent.com/pod-product-compliance
Ingram Content Group UK Ltd.
Pitfield, Milton Keynes, MK11 3LW, UK
UKHW020404180726
13839UKWH00003B/1257